Nina Köstler

Soziale Gruppen - Gruppenleistung, Homog

GW01398956

Nina Köstler

Soziale Gruppen - Gruppenleistung, Homogenität und Dynamik

GRIN Verlag

Bibliografische Information der Deutschen Nationalbibliothek: Die Deutsche Bibliothek verzeichnet diese Publikation in der Deutschen Nationalbibliografie; detaillierte bibliografische Daten sind im Internet über http://dnb.d-nb.de/ abrufbar.

1. Auflage 2007
Copyright © 2007 GRIN Verlag GmbH
http://www.grin.com
Druck und Bindung: Books on Demand GmbH, Norderstedt Germany
ISBN 978-3-656-05780-2

Katholische Universität Eichstätt-Ingolstadt
Seminar: Soziale Interaktion

Wintersemester 2006/07

<u>Seminararbeit</u>

SOZIALE GRUPPEN
Gruppenleistung, Homogenität und Dynamik

von Nina Köstler
Abgabetermin: 16. April 2007

Inhaltsverzeichnis

1 Einleitung

„Die Masse wird als Kennzeichen unserer Zeit gesehen... Das Individuum ist in der Masse

untergetaucht und eine Massenmentalität gewinnt die Oberhand.“[1]

(Stanley Milgram, 1969)

Was wir auch tun, wir tun es in der Regel zusammen mit anderen Individuen: Wir arbeiten oder studieren in so genannten Lern- oder Arbeitsgruppen. Wir spielen in Gruppen, wir leben in Gruppen, wir wachsen in Gruppen auf. Kurzum: Gruppen, denen wir angehören oder zu denen wir uns zugehörig fühlen beeinflussen unserer Denken und unserer Handeln in jeder Hinsicht.[2] Gruppen sind ein Gefüge zwischenmenschlicher Beziehungen, rationaler wie emotionaler Art, verbal und durch Körpersprache, Beziehungen von Macht- und Vertrauensbeziehungen. Gruppen sind ein Grundbestandteil der modernen Gesellschaft. Dabei gibt es unzählig viele Gruppen, die sich wiederum durch eine Vielzahl von Gesetzmäßigkeiten und Strukturen auszeichnen. Die Erforschung sozialer Gruppen gehört deshalb zu den Themen der Sozialpsychologie, die traditionell eine besondere Bedeutung haben. Im Folgenden soll deshalb das Wesen von Gruppen und die Tatsache, wie diese menschliches Verhalten beeinflussen, näher erläutert werden. Das heißt diese Arbeit beschäftigt sich mit einem der ältesten Themen der sozialpsychologischen Forschung überhaupt. Dabei soll zunächst eine kurze Definition gegeben werden, was Gruppen sind, wie sie zustande kommen und wodurch sich diese auszeichnen. Im nächsten Punkt wird erläutert, aus welchen Gründen Menschen sich überhaupt in Gruppen zusammenschließen, woraufhin auf die verschiedenen Formen und Strukturen von Gruppen eingegangen werden soll. Danach rücken die verschiedenen Prozesse, die in Gruppen ablaufen und diese auszeichnen in den Mittelpunkt der Betrachtungen, wobei am Ende geklärt wird, wie die Anwesenheit anderer die Leistung des Einzelnen und der Gruppe als Ganzes beeinflusst. Zum besseren Verständnis sollen noch einige Beispiele in die Arbeit einfließen, die zeigen, in wie weit die sozialpsychologischen Erkenntnisse zu sozialen Gruppen in der psychologischen Praxis ihre Anwendung finden können.

2 Definition: Was ist eine Gruppe?

So viele verschiedene Arten von Gruppen sich in der Gesellschaft finden lassen, so viele verschiedene Definitionen gibt es auch darüber, was eine soziale Gruppe eigentlich ausmacht. „Eine Gruppe kann man definieren als zwei oder mehr Menschen, die miteinander interagieren und in dem Sinne interdependent sind, dass ihre Bedürfnisse und Ziele eine gegenseitige Beeinflussung bewirken.“[3] Gruppen bestehen also aus Menschen, die sich zu einem

---

[1] **Sbandi, Pio:** Gruppenpsychologie. Einführung in die Wirklichkeit der Gruppendynamik aus sozialpsychologischer Sicht. München 1973. Seite 71
[2] vgl. **Gollwitzer, Mario/ Schmitt, Manfred:** Sozialpsychologie. Weinheim 2006. Seite 188
[3] **Aronson, Elliot/Wilson, Timothy D./ Akert, Robin:** Sozialpsychologie. München 2004. Seite 320

bestimmten Zweck zusammengeschlossen haben. Doch scheint diese Definition für unsere Zwecke eher unzureichend.

Zunächst einmal sollte zwischen sozialer Gruppe und sozialer Kategorie unterschieden werden. Im einfachsten Fall ist eine Gruppe eine soziale Kategorie, bestehend aus verschiedenen Individuen, die bestimmte Merkmale miteinander teilen.[4] So gibt es beispielsweise die Gruppe ‚der Blauäugigen', ihr gehören alle Menschen an, die blaue Augen haben oder ‚die Deutschen', also alle Menschen, die die deutsche Staatsbürgerschaft haben. Doch das allein reicht natürlich nicht aus, um von einer Gruppe im sozialpsychologischen Sinn zu sprechen.

„Das Wort ‚Gruppe' geht nach HOFSTÄTTER ‚auf das schon im Althochdeutschen nachgewiesene Wort ‚kropf' zurück, das nicht nur die krankhaft vergrößerte Schilddrüse, sondern auch den ‚Konten' (ital.: groppo) bezeichnet. Wo sich des Lebens und Erlebens Linien mehrerer Wesen miteinander mehr oder minder fest und dauerhaft verknoten, haben wir eine Gruppe vor uns.'"[5] Zu den prominentesten Formen zählte er zum Beispiel den Staat und die Familie. Geigern hat 1927 die Gruppe „als eine Mehrzahl von Menschen"[6] bezeichnet, „sofern sie sie in einem Wir verschmolzen sind"[7]. Von Wiese beschreibt den Idealtypus der Gruppe folgendermaßen: „1. Relative Dauer und relative Kontinuität, 2. Organisiertheit, die auf Verteilung von Funktionen an ihre Gliedern beruht, 3. Vorstellungen von der Gruppe bei ihren Gliedern, 4. Entstehung von Traditionen und Gewohnheiten [...], 5. Wechselbeziehungen zu anderen Gebilden, 6. Das Richtmaß."[8]

Aber eine Definition, auf die sich die meisten Gruppenforscher beziehen, ist die Definition nach Johnson und Johnson aus dem Jahr 1987:

„Eine Gruppe besteht aus zwei oder mehr Personen, die miteinander interagieren, die sich der Gruppe zugehörig fühlen (betont den subjektiven Charakter von Zugehörigkeit), deren Verhalten in irgendeiner Form wechselseitig voneinander abhängt (Interdependenz), deren Interaktionen durch gruppenspezifische Rollen und Normen strukturiert sind, die sich gegenseitig beeinflussen, die ein gemeinsames Ziel verfolgen und deren individuelle Bedürfnisse durch die Gruppe befriedigt werden."[9]

Für den Begriff Gruppe gibt es also sehr viele verschiedene Definitionen. Dennoch kann man aus allen Definitionen ein paar Merkmale festhalten, die allen gemeinsam sind: Eine Gruppe besteht immer aus mindestens zwei oder mehr Personen und – wie bereits erwähnt – bestehen Gruppen aus Menschen, die sich zu einem bestimmten Zweck zusammengeschlossen haben. Gruppen entstehen außerdem meist dann, wenn sich Individuen zu derselben sozialen Kategorie zählen. Ein

---

[4] vgl. **Gollwitzer, Mario/ Schmitt, Manfred (2006):** a.a.O. , Seite 189
[5] **Sbandi, Pio (1973):** a.a.O., Seite 95
[6] ebd. Seite 96
[7] ebd. Seite 96
[8] ebd. Seite 96
[9] **Gollwitzer, Mario/ Schmitt, Manfred (2006):** a.a.O. , Seite 189

wichtiges Merkmal ist, dass Gruppenmitglieder miteinander interagieren und voneinander abhängig sind. Mitglieder haben einen Einfluss auf die anderen Mitglieder und werden wiederum selbst von diesen beeinflusst.[10] Abschließend bleibt zu sagen, dass Gruppen sich in den meisten Fällen aufgrund ihrer Zielsetzung, ihrer Normen und ihrer individuellen Eigenarten voneinander unterscheiden. Und darauf soll in den folgenden Kapiteln eingegangen werden.

3 Warum schließen Menschen sich in Gruppen zusammen?

Was drängt Individuen aber dazu, sich Anderen anzuschließen und in Gruppen zusammen zu leben? In der Sozialpsychologie geht man davon aus, dass der Mensch ein natürliches Grundbedürfnis, eine innere Motivation hat, mit anderen Individuen Beziehungen einzugehen und sich der Auflösung dieser Beziehungen zu widersetzen. „Martin Buber formulierte [dafür] einen schönen Satz: ‚Der Mensch wird nur am Du zum Ich.'."[11]

Dafür gibt es zu nächst eine evolutionsbiologische Erklärung: „Roy Baumeister und Mark Leary (1995) argumentierten, dass es sich bei der Bindung an andere Menschen in unserer evolutionären Vergangenheit um einen für das Überleben notwendigen Vorteil handelte."[12] Ein Zusammenschluss mehrerer Menschen hatte größere Aussichten auf Erfolg, was das Jagen oder den Nahrungsanbau anging. Auch der Schutz vor Feinden und wilden Tieren war in Gruppen größer als bei Einzelgängern. Daraus ergibt sich, dass heute das Bedürfnis der Menschen nach Zugehörigkeit in fast allen Kulturen und Gesellschaften zu finden ist.

Doch natürlich gibt es auch andere Erklärungen dafür, was Menschen dazu bringt, sich zusammenzuschließen: Gruppen sind ein ganz wesentlicher Bestandteil der menschliche Identität. Individuen definieren sich selbst darüber, welchen Gruppen sie angehören. „Sehen Sie sich doch einmal an, wie oft Menschen mit T-Shirts herumlaufen, auf denen in großer, auffälliger Schrift der Name ihrer Gruppe (ihrer Studentenverbindung z.B.) zu lesen ist."[13] Außerdem dienen Gruppen uns als Informationsquelle, da sie uns helfen unsere Umwelt leichter wahrzunehmen und besser zu verstehen. Gruppen geben soziale Normen und Regeln vor, welche Art von Verhalten in der Gesellschaft akzeptabel ist und erleichtern somit das menschliche Zusammenleben, aber dazu später mehr (vgl. Punkt 6.1/6.2).

4 Gruppenformen

„Der Begriff der Gruppe wird in der Alltagssprache für völlig heterogene Tatbestände verwendet: von kohärenten Freundschaftsgruppen über formale Gruppen von Arbeitern, die durch eine Unternehmensleistung dazu veranlaßt werden, miteinander zu arbeiten, bis hin zu reinen Klassen

---

[10] vgl. **Aronson, Elliot,/Wilson, Timothy D./Akert, Robin (2004):** a.a.O., Seite 320
[11] **Malcher, Jutta:** Gruppen nicht ohne Dynamik. München 1977. Seite 11
[12] ebd. Seite 320
[13] **Aronson, Elliot,/Wilson, Timothy D./Akert, Robin (2004):** a.a.O., Seite 321

der Kategorienbildung („die Gruppe der Schwerhörigen'), die lediglich über ein gemeinsames Merkmal verfügen."[14]

Die Sozialpsychologie beschäftigt sich in der Regel aber mit den so genannten Kleingruppen, da diese relativ überschaubar sind und in ihnen viel soziale Interaktion abläuft. Kleingruppen bestehen aus drei bis höchsten zwölf oder 15 Personen. Die kleine Größe gewährleistet ein hohes Maß an Kontakten zwischen den Mitgliedern, so dass die Beziehungen untereinander meist von Angesicht zu Angesicht (face to face) möglich sind. Mit einer steigenden Gruppengröße treten Qualitätsverluste in der Interaktivität auf, was wiederum dazuführt, dass sich aus der Hauptgruppe mehrere Untergruppen oder Cliquen abspalten, bestehend aus Gruppenmitglieder, die ihre Bedürfnisse in der ursprünglichen Gruppe nicht mehr befriedigt sehen. Großgruppen zeichnen sich somit durch andere Strukturen und Gesetzmäßigkeiten aus, zwischenmenschliche Beziehungen und Interaktionen spielen hier eine eher untergeordnete Rolle. „Einige Autoren legen die Grenze zwischen kleinen und sehr großen ‚Großgruppen' zwischen 25-30 Mitglieder fest. Die Trainingsgruppen im Sensitivity Training umfassen 10-12 Mitglieder, während therapeutische Gruppen eher unter dieser Zahl bleiben, nämlich bei 6-8 Klienten."[15]

Von der relativ überschaubaren Kleingruppe ist auch die Quasigruppe abzuheben. Mit Quasigruppen bezeichnet die Sozialpsychologie jene Zusammenschlüsse von Menschen, die lediglich ein gemeinsames Merkmal aufweisen können. Personenmehrheiten wie beispielsweise Bauern, Beamte, Münchner, Frauen oder Kinder. Einige Gruppentheorien erheben ihren Geltungsanspruch aber auch für jene Quasigruppen.

Des Weiteren lässt sich unterscheiden in Primär- und Sekundärgruppen. Der Primärgruppe kommt dabei eine besondere Stellung im Sozialisierungsprozess der einzelnen Individuen zu, sie prägt die soziale Identität ihrer Mitglieder im entscheidenden Maße mit. „Mit Primärgruppen meine ich diejenigen, die sich durch intime face-to-face-Beziehung und Kooperation auszeichnen. Sie sind in mehrfacher Hinsicht primär, aber hauptsächlich darin, daß sie die soziale Natur und Vorstellungen des Individuums fundamental formen."[16] Beispiel für eine so genannte Primärgruppe wären also die Familie oder der engste Freundeskreis. „Sekundärgruppen haben meistens die Bedeutung einer lediglich residualen Kategorie; gemeint sind vielfach gelegentliche und flüchtige Zusammenschlüsse (z.B. Reisegruppen), [die sich nur für einen bestimmten Zweck und auf einen bestimmten Zeitraum zusammengefunden haben]."[17] Sie kommen also gewissermaßen durch eine Art Vertrag zustande. „Diese Sozialbeziehungen sind i.d.R. mehr durch Recht und Gesetz, d.h. durch fixierte formelle Abmachungen, geregelt, sie sind einfach

[14] **Fischer, Lorenz/Wiswede, Günter:** Grundlagen der Sozialpsychologie. München 2002. Seite 584
[15] **Sbandi, Pio (1973):** a.a.O., Seite 99
[16] **Däumling, A./Fengler, J./Nellessen, L./Svensson, A.:** Angewandte Gruppendynamik. Selbsterfahrung, Forschungsergebnisse, Trainingsmodelle. Stuttgart 1974. Seite 16
[17] **Fischer, Lorenz/Wiswede, Günter (2002):** a.a.O., Seite 586

unpersönlicher, weiter verzweigt und deshalb für das einzelne Gruppenmitglied unübersichtlicher."[18]

Gruppen werden auch in zeitlicher Hinsicht unterschieden: Die so genannten Dauergruppen sind auf lange, meist unbegrenzte Zeit zusammen. Diese Gruppen zeichnen sich vor allem durch ein hohes Maß an Sicherheit und Routine aus: Alles geht immer den gleichen Gang. Gruppen auf Zeit schließen sich nur zusammen, um eine bestimmte Aufgabe zu erfüllen. Der Zeitraum des Zusammenseins oder -arbeitens ist zeitlich genau begrenzt.

Individuen kategorisieren außerdem in Fremd- und Eigengruppen (besonderes Gewicht bekommt diese Unterscheidung im politischen Kontext). Während die Ingroup das so genannte ‚Wir', also die Gruppen bezeichnet, denen wir selbst angehört, steht Outgroup für alle Gruppen, in denen wir nicht Mitglied sind, also die so genannten ‚Anderen'. Diese Abgrenzung zu anderen Gruppen führt in der Regel zu Ablehnung, wenn nicht sogar zum Aufbau von Feindbildern und Intergruppenkonflikten. „Allerdings sind Fremdgruppen gelegentlich auch ‚begehrte Gruppen': z.B. Bezugsgruppen, denen man gerne angehören möchte, Aspirationsgruppen, zu denen man aufschließen will."[19] Grundsätzlich sei an dieser Stelle erwähnt, dass erhöhte Zugangschranken oder eine besonders niedrige Permeabilität, den Wert der Mitgliedschaft zu diesen Zusammenschlüssen erhöht und damit die Anpassungsbereitschaft im Sinne vorauseilender Konformität[20] steigt.

So genannte formelle Gruppen sind in der Regel gut strukturiert. Sie sind „zu einem bestimmten Zweck organisiert, gegründet, oft fest begrenzt, verpflichtend, [sie beinhalten] vorgegebene Normen und Ziele"[21] Informelle Gruppen, die eher spontan zusammenkommen und eher unstrukturiert sind, sind dadurch gekennzeichnet, dass sie meist nach Interesse, Neigung und den Wünschen ihrer Mitglieder entstehen.

Gruppen können aber auch sowohl homogen als heterogen sein. „Diese Unterscheidung bezieht sich auf bestimmte Merkmale der Mitglieder einer Gruppe. Je mehr gemeinsame Mitglieder eine Gruppe besitzt, desto größer wird die Homogenität der Gruppe sein und umgekehrt."[22] Dieses Kriterium ist wohl eines der wichtigsten in der sozialpsychologischen Gruppenforschung, da es sich unter anderem auch auf die Gruppenleistung auswirken kann (siehe Punkt 9). Homogen-gleichartige Gruppen sind Gruppen, die in ihrer Einstellung, ihren Zielen, Vorstellungen und Meinungen relativ übereinstimmen. Ihre Mitglieder ähneln sich also in vielerlei Hinsicht. Heterogene Gruppen dagegen sind in ihrer Zusammensetzung sehr verschieden: einzelne Mitglieder bringen unterschiedliche Persönlichkeiten, Erfahrungs- und Wissenshintergründe mit.

---

[18] **Setzen, Karl M.**: Die Gruppe als soziales Grundgebilde. Eine Einführung. Heidenheim an der Brenz 1971. Seite 21
[19] **Fischer, Lorenz/Wiswede, Günter (2002)**: a.a.O., Seite 587
[20] vgl. **Fischer, Lorenz/Wiswede, Günter (2002)**: a.a.O., Seite 587
[21] **Malcher, Jutta (1977)**: a.a.O., Seite 19
[22] **Sbandi, Pio (1973)**: a.a.O., Seite 102

Um die Aufzählung der möglichen Gruppenformen abzuschließen, soll an dieser Stelle auch noch kurz auf die so genannten Bezugsgruppen eingegangen werden. „Unter Bezugsgruppen werden Eigen- oder Fremdgruppen verstanden, zu denen eine emotionale und/oder kognitive Beziehung besteht."[23] Nach Kelley haben Bezugsgruppen folgende Grundfunktionen: die komparative und die normative Funktion. Die komparative Funktion soll kurz anhand eines Versuches aus dem Jahre 1949 von Stouffer et al. mit US-amerikanischen Soldaten verdeutlicht werden. Stouffer untersuchte die Lebensbedingungen und Zufriedenheit amerikanischer Soldaten, die zum einen in den USA kaserniert und zum anderen in Europa hinter der Front eingesetzt waren. Das Ergebnis zeigte, dass die in Europa eingesetzten Soldaten trotz schlechterer Bedingungen zufriedener waren als die Daheimgebliebenen. Daraus konnte man ableiten, dass die jeweilige Bezugsgruppe entscheidend ist: Entweder die anderen Soldaten an der Front, denen es noch schlechter geht, oder amerikanische Zivilisten, denen es besser geht als den befragten Soldaten.[24] Daraus kann man die Hypothese ableiten, dass Bezugsgruppen im Ausmaß der perzipierten Ähnlichkeit (Nähe) und im Ausmaß der perzipierten Attraktivität ausgewählt werden, wobei sich die Attraktivität auf die Gesamtgruppe oder auf einzelne Gruppenmitglieder beziehen kann.

Typische Beispiele der angewandten Bezugsgruppenforschung sind unter anderem die Wirkung des Vergleichs mit attraktiven Gruppen, das heißt aufstiegsorientierte Personen vergleichen sich mit Personen aus dem sozialen Milieu, in das sie gerne aufsteigen möchten. Während sie deren Normen und Verhaltensrituale übernehmen, distanzieren sie sich gleichzeitig von ihrer Herkunftsschicht. Es kommt zu einem Normenkonflikt, denn wer von der alten Gruppe verstoßen wird, ohne von der angestrebten Bezugsgruppe akzeptiert zu werden, wird als Randpersönlichkeit bezeichnet.

„Es gibt [also] eine Vielzahl von Gruppen, bunt gemischt wie das Leben selbst; je vielfältiger die Gruppe, umso lebendiger kann das soziale Gebilde wie z.B. eine Gemeinde, ein Verband, eine Institution sein. Für die Arbeit mit Gruppen ist wichtig zu wissen, welche Gegebenheit auf die einzelnen Gruppen zutreffen."[25]

5 Erkenntnisse zur Gruppenbildung

„Die jeweilige Entwicklungsphase eines Menschen beeinflußt sein Denken, sein Handeln, kurz sein Leben und seine Lebensgestaltung. Ebenso ist es mit den Gruppen. Die jeweilige Phase hat entscheidenden Einfluß auf die Gruppensituation."[26] Auch der Gruppenbildungsprozess erfolgt also in verschiedenen Phasen. Beschrieben werden diese im Tuckman-Modell aus dem Jahr 1965. Die erste Phase im Gruppenbildungsprozess wird hierbei als Forming bezeichnet, in ihr

---

[23] **Fischer, Lorenz/Wiswede, Günter (2002):** a.a.O., Seite 587
[24] vgl. ebd. Seite 588
[25] **Malcher, Jutta (1977):** a.a.O., Seite 19
[26] ebd. Seite 43

orientieren sich die die Gruppenmitglieder und man lernt sich gegenseitigen kennen. In der zweiten Phase, dem Storming, handeln die Mitglieder Zielen, Rollen, Normen, Erwartungen und Hierarchien aus, die zukünftig in der Gruppe gelten sollen. „Dabei ist es nicht entscheidend, ob das durch stillschweigende Übereinkunft, Vereinbarungen nach Art eines freien Vertrages, durch Satzungen, durch fixiertes gesetztes Recht oder durch religiös oder ethisch bestimmte Normen geschieht."[27] Während des Normings (3. Phase) bildet die Gruppe eine gemeinsame Identität heraus, die den Gruppenzusammenhalt weiter stärkt. Beim so genannten Preforming festigen sich die Normen und Rollen in der Gruppe. An dieser Stelle ist ein besonders produktives Arbeiten an gemeinsamen Zielen möglich. Am Ende kommt es zur Auflösung der Gruppe (meist nachdem das gemeinsame Ziel erreicht wurde), diese Phase nennt Tuckman Adjourning.

Ein weiteres Modell zur Bildung von Gruppen stammt von Moreland und Levine (1994). Sie gliedern den Gruppenbildungsprozess in die Suchphase seitens der Gruppe nach neuen Mitgliedern beziehungsweise seitens der potentiellen Mitglieder nach einer passenden Gruppe. Während der Assimilationsphase passen sich die neuen Mitglieder an die Gruppe, und die Gruppe an das neue Mitglied an. Danach kommt es zur gegenseitigen Akzeptanz und zur Entwicklung einer Rollenstruktur. In der letzten Phase können dann erste Divergenzen zwischen den Gruppenmitgliedern auftreten, gefolgt von einer Umorientierung der Mitglieder aufgrund von Rollenkonvergenz oder Divergenz.

6 Zusammensetzung von Gruppen

Wie bereits erwähnt ist eine soziale Gruppe im einfachsten Fall eine soziale Kategorie, die aus Individuen besteht, die bestimmte Merkmale miteinander teilen (Nationalität, Geschlecht, Augenfarbe, usw.) und auch die Größe von Gruppen variiert stark. Meistens bestehen Gruppen aus zwei bis sechs Mitgliedern. Ein wichtiger Aspekt in Gruppen ist daher die Tendenz einer gewissen Homogenität, was das Alter, das Geschlecht, die Überzeugungen oder die Meinungen anbelangt. Dafür lassen sich zwei Gründe anführen: „Zum einen lassen viele Gruppen die Tendenz erkennen Menschen anzuziehen, die schon gewisse Ähnlichkeiten aufweisen, bevor sie sich der betreffenden Gruppe anschließen. [...] Zum anderen funktionieren Gruppen für gewöhnlich in einer Weise, die auf die Homogenität ihrer Mitglieder eher unterstützend wirkt."[28]

6.1 Soziale Normen

Wie bereits erwähnt liefern Gruppen uns soziale Normen und Regeln für das menschliche Zusammenleben. In allen Gesellschaften gibt es bestimmte Vorgaben darüber, welches Verhalten akzeptabel ist und welches nicht. Dabei gelten manche Regeln für die gesamte Gesellschaft an

---

[27] **Setzen, Karl M. (1971):** a.a.O., Seite 25
[28] **Aronson, Elliot,/Wilson, Timothy D./Akert, Robin (2004):** a.a.O., Seite 321

sich, andere wiederum sind von Gruppe zu Gruppe verschieden. „Soziale Normen sind wichtige Determinanten unseres Verhaltens, was sich auch daran zeigt, was passiert, wenn diese Normen zu oft übertreten werden: Der ‚Täter' wird von anderen Gruppenmitgliedern gemieden und in extremen Fällen genötigt, die Gruppe zu verlassen."[29]

6.2 Soziale Rollen

Meisten haben Gruppen eine Reihe von gut definierten Rollen, das heißt sie verfügen über gemeinsame Erwartungen innerhalb der Gruppe, wie Einzelne sich zu verhalten haben. „Die Menschen nehmen in ihrer gesellschaftlichen Umwelt eine Reihe von sozialen Positionen ein, wobei die sozial Position gewissermaßen, durch den Schnittpunkt sozialer Beziehungen in einem ‚Sozialfeld' fixiert wird."[30] Die sozialen Rollen sind somit die Spezifikation der sozialen Normen, sie zeigen wie Menschen sich in einer bestimmten Position in ihrer Gruppe zu verhalten haben. Rollen können daher sehr hilfreich sein, da die Gruppenmitglieder wissen, was sie voneinander zu erwarten haben und wie sie miteinander umgehen müssen, um Konflikte zu vermeiden. Auf der anderen Seite können Rollenerwartungen aber auch negative Folgen haben, dann nämlich wenn die Rollen willkürlich oder unfair verteilt sind. Menschen können so sehr in ihre soziale Rolle verfallen, dass sie darüber ihre eigene Identität verlieren. Die soziale Rolle wird so übermächtig, dass die eigene Persönlichkeit des Betroffenen von der Rolle vereinnahmt wird.

Ein gutes Beispiel dafür ist ein Experiment von Zimbardo und Mitarbeitern, in dem den Versuchspersonen beliebig die Rolle des Wärters beziehungsweise des Gefangenen in einer simulierten Gefängnissituation zu geteilt wurde. Zwei Wochen sollte der Versuch dauern, doch übernahmen die Versuchpersonen die ihnen zugeteilten Rollen so schnell, dass sie anfingen sich wie richtige Wärter oder richtige Gefangene zu verhalten. Die Wärter schikanierten die Gefangenen, die Gefangenen wurden immer ängstlicher und depressiver. Am Ende musste die Studie frühzeitig abgebrochen werden. „Die Teilnehmer identifizierten sich in solchen Maße mit ihrer Rolle, dass ihnen ihre persönliche Identität sowie ihr Sinn für Anständigkeit verloren gingen."[31]

Die sozialen Rollen, die wir einnehmen, können unser Verhalten also auf ganz mächtige und unerwartete Art und Weise determinieren und lenken. Problematisch werden Rollen vor allem dann, wenn man sich nicht den Rollenerwartungen entsprechend verhalten kann oder möchte. Diese Problematik tritt vor allem bei den Rollenerwartungen gegenüber Männern und Frauen in der Gesellschaft auf, wobei Frauen hier oftmals nicht bereit sind, sich der ihnen zugedachten Rolle entsprechend zu verhalten und dadurch Ablehnung von bestimmten Teilen der Gesellschaft erfahren.

---

[29] **Aronson, Elliot,/Wilson, Timothy D./Akert, Robin (2004):** a.a.O., Seite 321
[30] **Setzen, Karl M. (1971):** a.a.O., Seite 35
[31] **Aronson, Elliot,/Wilson, Timothy D./Akert, Robin (2004):** a.a.O., Seite 322

6.3 *Gruppenkohäsion*

Es soll noch ein weiteres Gruppenphänomen angesprochen werden: die Kohäsion. „Gruppenkohäsion ist definiert als Aspekt einer Gruppe, der für die gegenseitigen Bindungen der Gruppenmitglieder untereinander sorgt und die Zuneigung innerhalb der Gruppe fördert."[32] Je weniger strukturiert und organisiert eine Gruppe ist, desto wichtiger ist es, dass der Zusammenschluss möglichst kohäsiv ist. Je höher die Kohäsion, desto höher ist auch die Wahrscheinlichkeit, dass Individuen in der Gruppe bleiben, sich am Gruppenleben beteiligen und versuchen neue Mitglieder zu akquirieren. Bei Arbeitsgruppen hat man festgestellt, dass bei einer guten und engen Zusammenarbeit die Kohäsion in der Gruppe stark zunimmt. Die Kohäsion kann sich dann wiederum positiv auf die Leistung der einzelnen Gruppenmitglieder auswirken (siehe Punkt 9), bei einer Aufgabe, die eine enge Zusammenarbeit verlangt. Wird die Kohäsion aber so hoch, dass die emotionalen Beziehungen innerhalb der Gruppe am Ende wichtiger sind als die zu bewältigende Aufgabe, kann die Kohäsion die Leitungsfähigkeit einer Gruppe auch mindern.

Ein Lehrer beispielsweise, der Anziehung einer relativ unpopulären Arbeitsgruppe steigern möchte, kann das tun, indem er das Zusammenwirken der Gruppenmitglieder fördert, doch nur, wenn in der Interaktion Kontaktformen erzeugt werden, die die Mitglieder befriedigen.[33] An dieser Stelle sollte auch die Kohäsionstheorie nach Cartwright (1968) erwähnt werden. Demnach ist die Kohäsion einer Gruppe abhängig von:

- „Der Motivationsgrundlage einer P[erson], die die Gruppe für sie attraktiv macht (z.B. Affiliation, Kontaktbedürfnis]
- den Anreizen, die diese Gruppe bietet (z.B. Ziele, Programme, Aktivitäten, Status)
- den Erwartungen, daß eine Mitgliedschaft tatsächlich günstige Ergebnisse bringt (z.B. die Vermutung, in dieser Gruppe Anerkennung zu erhalten oder weitere Zugangsmöglichkeiten zu erschließen)
- dem Vergleichsniveau einer Person, d.h. den bisherigen Erfahrungen von P im Hinblick auf andere oder bisherige Gruppenmitgliedschaften
- dem Vergleichsniveau für Alternativen, d.h. alternative Gruppierungen, denen P sich anschließen könnte."[34]

Die Kohäsion einer Gruppe wird meistens durch folgenden Index ermittelt:

$$\text{Gruppenkohäsion} = \frac{\text{Zahl der gegenseitigen Wahlen}}{N(N-1)/2}$$

[32] **Aronson, Elliot,/Wilson, Timothy D./Akert, Robin (2004):** a.a.O., Seite 323
[33] vgl. **Siound, Arne:** Gruppenpsychologie für Erzieher, Lehrer und Gruppenleiter. Heidelberg 1981. Seite 68
[34] **Fischer, Lorenz/Wiswede, Günter (2002):** a.a.O., Seite 595

Aber die Kohäsion erwächst in der Regel nicht nur aus Sympathieerwägungen der Gruppenmitglieder. Kießler und Goldberg (1968) haben den Sachverhalt der Gruppenkohäsion näher analysiert und dabei zwei weitere Determinanten herausgefiltert, die sie als ‚linking und ‚respect' bezeichneten. Außerdem ist davon auszugehen, dass sich der erwartete Nutzen kohäsionsfördernd auswirkt.

7 Soziale Strukturen der Gruppe

Gruppen unterscheiden sich aber nicht nur in ihrer Form, sondern auch in den Strukturen die ihnen zu Eigen sind. „Der Strukturbegriff verweist auf ein relativ stabiles, bestimmten Regelhaftigkeiten unterliegendes Gefüge von Beziehungen (z.B. eine differentielle Intensität und Häufigkeit der Interaktion) zwischen bestimmten Teilen einer Gruppe. Strukturen bilden in gewissem Sinne den kleinsten gemeinsamen Nenner der Analyse von Gruppenprozessen."[35] Unter dem Begriff sammeln sich die verschiedensten Gruppenphänomene wie zum Beispiel die Entstehung von Normen oder sozialer Rollen, Kommunikationsstrukturen oder das gruppenspezifische Hierarchiegefüge.

7.1 Entstehung von Gruppenstrukturen

Nach Cartwright und Zander wird der Entstehungsprozess von Gruppenstrukturen durch drei verschiedene Faktoren bestimmt. Sie unterscheiden dabei zunächst in die aufgaben- und arbeitsorientierte Strukturierung: Gruppenstrukturen entstehen hier im Zuge der Arbeitsteilung in soziale Zusammenschlüssen. Man spricht dann üblicherweise von der Rollendifferenzierung zwischen den einzelnen Mitgliedern. In jeder Gruppe ist es notwendig, die Aufgaben möglichst effizient nach Begabung und Leistungsfähigkeit der Individuen zu verteilen, notwendig ist daher die Aufgliederung des Arbeitsinhaltes sowie der Arbeitsprozesse.

Eine weitere Einflussgröße sind die Merkmale der Gruppenmitglieder: Ihre Motivation, ihre Fähigkeiten, Vorlieben und verschiedene Zielvorstellungen beeinflussen das Verhalten innerhalb der Gemeinschaft und tragen somit zur Struktur der Gruppe bei. „Dazu gehört auch die Übernahme von Verantwortung oder das Selbstvertrauen im Hinblick auf die Lösung einer Aufgabe. Da die Gruppenmitglieder unterschiedliche Erfahrungen, Kompetenzen und möglicherweise auch unterschiedlichen Status in die Gruppe einbringen, werden auch solche Aspekte strukturbildend wirken."[36]

Aber auch Einflüsse der Umgebung können nachhaltig auf die Gruppenstruktur einwirken, da eine Gruppe nie für sich alleine steht, sondern immer in einen größere Struktur also einen umfassenden sozialen Kontext eingebettet ist (beispielsweise die Organisationsstruktur im Betrieb, die

---

[35] **Fischer, Lorenz/Wiswede, Günter (2002):** a.a.O., Seite 590
[36] ebd. Seite 591

Zeitstruktur oder ökologische Gegebenheiten wie Sitzordnung oder die Lage des Arbeitsplatzes).

Das heißt, dass auch diese übergeordneten Strukturen, die nichts mit der Gruppe an sich zu tun haben, die Gruppenstruktur verändern können: „Besonders deutlich wird dies etwa im Falle der Konstituierung einer Arbeitsgruppe in einer bereits bestehenden Organisation, bei der bestimmte Gestaltungsprinzipien (z.B. Hierarchie, Art der Zusammenarbeit, Aufteilung auf bestimmte Räume) weitgehend vorgegeben werden, so daß sich der Strukturierungsprozeß lediglich als Angleichung an ein bestehendes Gestaltungsmuster darstellt."[37]

7.2 Bedeutung von Gruppenstrukturen

Grundsätzlich sei gesagt: alle Gruppen streben nach Strukturierung, da es das Zusammenleben in eben dieser vereinfacht und Konflikte vermeiden hilft. Die Strukturierung ist als Kontinuum anzusehen, dass sich von geringer bis sehr starker Strukturierung erstreckt. Aufgabenorientierte Gruppen zeichnen sich beispielsweise durch eine höhere Strukturierung aus, andere Gruppen wie zum Beispiel Geselligkeitsgruppen beruhen eher auf Emotionen als auf strengen Strukturen. Strukturierung entsteht immer aus dem Wunsch des Menschen heraus, möglichst viel Ordnung in den Ereignisstrom zu bringen. Strukturen lenken das Verhalten der Gruppenmitglieder in bestimmte Bahnen. Strukturierung verleiht den Gruppenmitgliedern Sicherheit, Verlässlichkeit, Voraussagbarkeit, Ordnung und Kontrollierbarkeit. Allerdings kann eine zu starker Strukturierung innerhalb der Gruppe auch negative Auswirkungen haben: die Einengung von Handlungsspielräumen der Individuen, so dass sie sich in der Gruppe nicht mehr frei fühlen und im schlimmsten Falle austreten.

7.3 Sozialstruktur der Gruppe

Es gibt verschiedene Arten von Strukturen, die sich in Gruppen erkennen lassen. So wie beispielsweise die Affekt- und Sympathiestruktur. Sie beschreibt die Anziehungs- und Abstoßungskraft unter Gruppenmitgliedern als Muster oder Struktur innerhalb der Gemeinschaft. In dem man die Gruppenmitglieder fragt, mit wem der anderen Mitglieder sie am liebsten Kontakt hätten, kann man die Affekt- und Sympathiestruktur festhalten: „Aus der Anzahl der erhaltenen Antworten ergibt sich die Möglichkeit, eine ‚soziometrische Landkarte der Gruppe', kurz Soziogramm genannt, zu erstellen."[38] Personen, mit denen viele Mitglieder ihre Zeit verbringen wollen, werden hierbei als Sterne bezeichnet, es gibt Paare, Trios oder Vierergruppen (Untergruppen, deren Mitglieder sich gegenseitig wählen), außerdem gibt es einen Kern der Gruppe (Clique). Isolierte Personen, die keine Wahl bekommen, nennt man Fremdkörper; Personen, die nur negative Wahlen bekommen, werden als Abgelehnte bezeichnet. Die Affekt-

---

[37] **Fischer, Lorenz/Wiswede, Günter (2002):** a.a.O., Seite 591
[38] **Mucchielli, Roger:** Gruppendynamik. Salzburg 1972. Seite 39

und Sympathiestruktur in Gruppen wird von mehreren verschiedenen Faktoren bestimmt: „SECORD & BACKMANN (1983) fassen die wichtigsten empirischen Befunde zusammen. Man tendiert dazu, folgende Gruppenmitglieder zu wählen:

- solche mit denen man häufig Gelegenheit zur Interaktion hat;
- solche, die Eigenschaften besitzen, die ihm Rahmen der Werte und Normen der Gruppe wünschenswert sind;
- solche, die einem in Einstellung, Werten und Eigenschaften des sozialen Hintergrunds (Status, Lebensstil) am ähnlichsten sind;
- solche, die einen sehen, wie man sich selbst sieht;
- solche, in deren Gesellschaft man eine Befriedigung seiner Bedürfnisse erwartet."[39]

In jeder Gruppe mit persönlichen Kontakten existiert eine informelle affektive Struktur, nach der sich das Verhalten der Mitglieder untereinander verstehen lässt.[40] Außerdem zeichnen Gruppen sich durch ein spezifisches Hierarchiegefüge aus. Jede Gruppe hat eine Struktur, die in irgendeiner Form an Rangstufen orientiert ist. „Demokratische Grundstrukturen bedeutet [...] keineswegs, dass alle Gruppenmitglieder gleich geordnet sind, es bedeutet vielmehr, dass alle Gruppenmitglieder prinzipiell jede Position erreichen können."[41] Es gibt beispielsweise Gruppen mit starker Machtstruktur, etwa im Militärbereich und in Krankenhäuser, andererseits finden sich natürlich auch Gemeinschaften mit flachen hierarchischen Strukturen. Nämlich dann, wenn Macht in der Gruppe überflüssig wird, weil sich die Mitglieder selbst kontrollieren, hochgradig leistungsmotiviert sind und hohe fachliche Kompetenzen haben. Doch selbst in ausgeprägten Hierarchien kann die tatsächliche Machtverteilungen von den formalen Vorgaben abweichen. Ursachen hierfür sind unter anderem die Ausbildung informeller Macht, die Bildung einer Gegenmacht, die Delegation von Mach und/oder das Eindringen externer Macht.[42]

In Gruppen gibt es aber auch ganz bestimmte Kommunikationsstrukturen und auch diese lassen sich mit Hilfe des Soziogramms empirisch erfassen und besonders geordnete Handlungsabläufe mittels graphischer Figuren darstellen. Dabei fand man heraus, dass es verschiedene Kommunikationsnetze gibt, die sich in ihrem Zentralitätsgrad unterscheiden. Einige Beispiele hierfür: Ypsilon, Kreis, Stern und Kette.

[39] Fischer, Lorenz/Wiswede, Günter (2002): a.a.O., Seite 594f
[40] vgl. Mucchielli, Roger (1972): a.a.O., Seite 43
[41] Setzen, Karl M. (1971): a.a.O., Seite 41
[42] Fischer, Lorenz/Wiswede, Günter (2002): a.a.O., Seite 599

A — E, B, D, C (Kreis)

A, B, C, D, E (Rad)

A, B, C, D, E (Ypsilon)

A _ B _ C _ D ___ E (Kette)

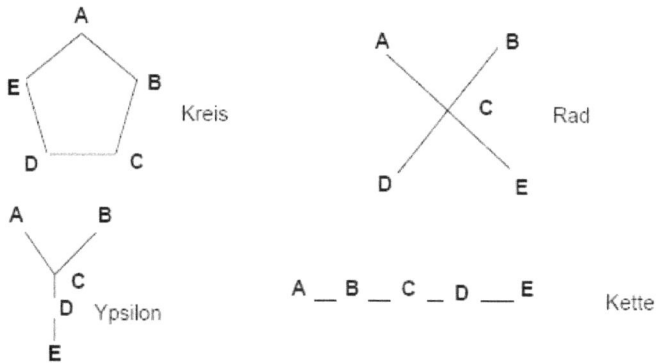

Abbildung 1: Kommunikationsnetze

Aus der intensiven Forschungen zur Kommunikationsstruktur in Gruppen ergaben sich folgende Ergebnisse: „Rad und Ypsilon, versprechen, dass Gruppenaufgaben schneller und vielleicht auch genauer gelöst werden, weil hier Zentralpersonen mit Koordinierungsfunktion erkennbar sind, während Kreis und Kette eine ausgeglichener Beteiligung der einzelnen Mitglieder garantiert und damit der Gruppenzufriedenheit dienlicher sein dürften."[43] Das grundlegende Forschungsdesign für diese Befunde sah vor, dass eine Gruppe gemeinsam eine Aufgabe lösen sollte, was ihnen aber nur gelingen würde, wenn alle genau den gleichen Informationsstand hätten. „Die Kommunikation zwischen den Mitgliedern dieser ‚Gruppen' war nicht beliebig möglich, sondern wurde vom VI entsprechend der [oben angeführten], nach Zentralität variierenden Kommunikationsstrukturen zugelassen."[44] Die hier beschriebenen Befunde wurden aber später durch komplexere Strukturmuster modifiziert.

8 Gruppendynamik

„Gruppendynamik hat [im Grunde] zwei Bedeutungen: Im weiteren Sinne ist sie die Wissenschaft von den Gruppenphänomenen, im engeren Sinne bezeichnet Gruppendynamik eine sozialpsychologischen Vorgang."[45] Gruppen bilden eigenständige soziale Einheiten, in denen intersubjektive Phänomene und spezielle Interaktionsprozesse auftreten, die als Gruppendynamik bezeichnet werden. Gruppendynamische Prozesse beeinflussen das Verhalten der Gruppenmitglieder und die Zielrichtung nachhaltig. Durch die Analyse der Dynamik einer Gruppe wird es möglich, Voraussagen über das Verhalten einer Gruppe zu machen und Prozesse innerhalb der Gruppe genauer vorherzusagen. Je häufiger sich Interaktionen vollziehen, je vielfältiger und intensiver sie sind, um so größer ist der Einfluss auf die Gruppenatmosphäre, die

---

[43] **Setzen, Karl M. (1974):** a.a.O., Seite 57
[44] **Fischer, Lorenz/Wiswede, Günter (2002):** a.a.O., Seite 600
[45] **Mucchielli, Roger (1972):** a.a.O., Seite 15

Gefühle der Mitglieder untereinander und das Wir-Gefühl, auf die Gruppenaktivität und das Gruppenklima. Homas hat 1950 folgende Regeln zur Gruppendynamik aufgestellt: Zunächst stellte er fest, dass wenn die Häufigkeit des Kontaktes zwischen den Gruppenmitgliedern zunimmt, auch die Sympathie zwischen ihnen wächst. Eine Abnahme der Kontaktdichte zwischen den Angehörigen einer Gruppe und Außenstehenden, verbunden mit der Abneigung gegenüber den Außenstehenden, führt zu einer Intensivierung des Binnenkontaktes und der Sympathie zwischen den Gruppenmitgliedern und umgekehrt.

Grundsätzlich kann man sagen, dass immer, wenn Menschen in Gruppen zusammen sind, es bestimmte gruppendynamische Gesetzmäßigkeiten gibt:

▪ Strukturen der Macht, der Über- und Unterordnung

▪ Gruppenentscheidungen

▪ Entstehung von Gruppenregeln, Normen und Werte

▪ Fern- und Nahziele

▪ Gruppeneigene Führer, Rollen und Positionen, Mehr- und Minderheiten

▪ Gruppenphasenabläufe

▪ Aktivität und Konflikte

9 Gruppenleistungen

„Das Verhalten eines Individuums (S) in Anwesenheit einer anderen Person (O) ist zugleich eine Reaktion auf und ein Stimulus für diese andere Person. Weil die andere Person (O) auf das Verhalten reagiert, wird das Verhalten von S wahrscheinlich durch die Anwesenheit von O abgewandelt. S mag sich bewusst oder unbewusst so verhalten, als wolle er eine bestimmte Reaktion von O hervorrufen. Sein Folgeverhalten hängt von seinem Erfolg oder Misserfolg ab, bei O bestimmte Verhaltensweisen hervorzurufen."[46] Gruppen haben also einen sozialen Einfluss auf die Individuen in ihrer Umgebung. Einfach dadurch, dass sie Normen und Standards entwickeln, die das Verhalten und die Meinung ihrer Mitglieder beeinflussen können. Man sollte aber generell unterscheiden zwischen dem explizitem Einfluss (Regeln, Gesetze, Vereinssatzungen) und dem implizitem Einfluss (nicht ausgesprochene Erwartungen), den Gruppen haben können. Davon ist auch abhängig, welche Leistungen Gruppen erbringen können. Doch das ist von den verschiedensten Faktoren abhängig. Einige davon sollen im Folgenden aufgezählt werden.

9.1 Gruppengröße und Gruppenleistung

Zum einen ist die Leitungsfähigkeit einer Gemeinschaft natürlich davon bestimmt, wie viele Mitglieder dieser Gemeinschaft angehören. „Beide Sprichwörter: ‚Viele Pfennige machen einen

---

[46] **Däumling, A./Fengler, J./Nellessen, L./Svensson, A. (1974):** a.a.O., Seite 47

Taler' und ‚Viele Köche verderben den Brei' haben dann ihre Berechtigung."[47] Landwirtschaftsingenieur Max Ringelmann hat diesen Aspekt 1913 zum ersten Mal in einem Experiment untersucht, in dem er sich explizit mit Gruppen- und Einzelleistungen beschäftigte. Ringelmann ließ die Versuchspersonen an einem fünf Meter langen Seil ziehen – allein, zu zweit, zu dritt oder mit noch mehr Personen. Dabei stellte sich heraus, dass die Leistung des einzelnen abnahm, je größer die Gruppe wurde. Während bei zwei Probanden 93 Prozent der Kraft eingesetzt wurde, waren es bei drei Personen nur noch 85 Prozent. Die Leistung, die ein einzelnes Mitglied aufwendet, sinkt proportional zur Anzahl der Gruppenmitglieder. „Zwei Erklärungsfaktoren kommen für den so genannten Ringelmann-Effekt in Betracht: (1) Motivationsverluste: Der Mensch ist faul und versucht, mit der geringstmöglichen Anstrengung das meiste herauszuholen. Je größer die Gruppe, desto weniger fällt man auf, wenn man nicht mitmacht. [...] (2) Koordinationsverluste: Alle versuchen ihr Bestes, aber bei mehreren Leuten wird es schwieriger, die einzelnen Kräfte sinnvoll zu koordinieren [...]."[48] Aus diesen Erkenntnissen lässt sich wiederum eine Formel ableiten, anhand derer sich die Gruppenleistung berechnen lässt:

Gruppenleistung = potentielle Produktivität – Motivationsverlust – Koordinationsverlust [49]

„SLATER fand, dass bei 24 untersuchten Gruppen mit zwei bis sieben Mitgliedern die Fünfergruppe die besten Ergebnisse bezüglich des innern Zusammenhalts und der Zufriedenheit der Gruppenmitglieder erbrachte."[50]

9.2 Soziale Erleichterung

Die bloße Anwesenheit anderer kann also unserer Verhalten und auch unsere Leistungsfähigkeit beeinträchtigen. Untersuchungen haben aber auch gezeigt, dass Menschen bei bestimmten Aufgaben schneller und besser arbeiten, wenn andere Personen anwesend sind. Allport bezeichnete diesen Effekt 1920 als soziale Erleichterung (social facilitation). Empirisch belegt wurde der Effekt zum ersten Mal 1898 durch Norman Triplett. Er stellte fest, dass Menschen eine Angelschnur schneller aufdrehen, wenn eine andere Person anwesend war, die ebenfalls eine Angelschnur aufdrehen musste. Außerdem konnte er zeigen, dass ein Radrennfahrer schneller fuhr, wenn er an einem Wettkampf teilnahm.

Robert Zajonc und seine Mitarbeiter führten eine klassische Studie mit Kakerlaken durch: Die Forscher platzierten eine helle Lichtquelle an das Ende eines Ganges und stoppten die Zeit, die von der Schabe gebraucht wurde, um ans andere Ende zu gelangen und sich dort in einer dunklen Ecke zu verstecken. Am Ende des Versuches konnte Zajonc beweisen, dass die Küchenschaben

---

[47] **Setzen, Karl M. (1971):** a.a.O., Seite 71
[48] **Gollwitzer, Mario/ Schmitt, Manfred (2006):** a.a.O. , Seite 192
[49] vgl. **Fischer, Lorenz/Wiswede, Günter (2002):** a.a.O., Seite 605
[50] **Sbandi, Pio (1973):** a.a.O., Seite 107

diese Aufgabe tatsächlich schneller bewältigten, wenn andere Schaben anwesend waren. Dieser Versuch hat übrigens auch bei anderen Tieren funktioniert: Ratten lösten schneller Geschicklichkeitsaufgaben, Ameisen schleppten schneller Gegenstände von A nach B.

Man kann das an einem kurzen Beispiel verdeutlichen: Die Abschlussprüfung im Psychologiekurs steht an, der Student XY hat sich gut vorbereitet. Als er im Prüfungsraum ankommt, stellt er fest, das er zwischen einem Raum wählen kann, in dem schon viele Studenten dicht gedrängt sitzen oder in einem Raum, den er fast für sich alleine haben könnte. Wie soll sich der Student entscheiden? Nach unseren bisherigen Erkenntnissen könnte man dazu tendieren, dem Studenten zu raten, die Prüfung in dem überfüllten Raum zu schreiben.

Andererseits hat man in verschiedenen Untersuchungen festgestellt, dass bei neue, beziehungsweise schwere Aufgaben der Effekt der sozialen Erleichterung nicht eintreten muss. Die Leistung sowohl von Menschen als auch von Tieren fällt ab, wenn sie schwierige Aufgaben in Anwesenheit anderer lösen sollen. Von einigen Wissenschaftlern wird dieser Effekt als soziale Hemmung bezeichnet.

Man muss also unterscheiden, welche Aufgaben die Person zu erfüllen hat, sprich ob es sich um eine leichte oder eine schwere Aufgabe handelt. Zajonc erklärt die Divergenz zwischen sozialer Erleichterung und Hemmung folgendermaßen: Er nimmt an, dass die Anwesenheit einer anderen Person zu einem Anstieg des Erregungsniveaus führt. Ein erhöhtes Erregungsniveau begünstigt wiederum, dass dominante, gut erlernte Verhaltensweisen besser ausgeführt und neue, schwierige und ungeübte Verhaltensweisen erschwert werden.

Eine mögliche Erklärung hierfür wäre: „Erstens die Gegenwart anderer Menschen steigert unsere physiologische Erregung (d.h. unser Körper lädt sich mit mehr Energie auf) und zweitens, wenn eine solcher Erregung präsent ist, ist es einfacher etwas zu tun, das leicht ist (die dominante Reaktion), aber schwerer, etwas Komplexes auszuführen oder etwas Neues zu lernen."[51]

Die so genannte Evaluation-Apprehension-Theorie (Cottrell 1972) bestreitet nicht, dass die Anwesenheit anderer das Erregungsniveau hebt, aber sie geht davon aus, dass nicht der Trieb, sondern kognitive Bewertungsvorgänge eine Rolle spielen: Der Akteur fühlt sich durch die Anwesenheit anderer beobachtet und bewertet, was wiederum zu einer Bewertungsangst beziehungsweise –unsicherheit führt. Die Evaluation-Apprehension-Theorie geht also davon aus, dass die Bewertungsangst der Grund für die Erregung ist. Daraus leitet sich folgende Hypothese ab: Die Anwesenheit anderer führt zu sozialer Erleichterung oder sozialer Hemmung, wenn sie mit Bewertungsangst einhergeht und ist nicht nur auf die bloße Anwesenheit anderer zurückzuführen.

Heute spricht man aber in erster Linie nicht mehr von der sozialen Erleichterung, sondern von dem Mere-Presence-Efekt. In einem Experiment versuchte Markus 1978 herauszufinden, ob die

---

[51] **Aronson, Elliot,/Wilson, Timothy D./Akert, Robin (2004):** a.a.O., Seite 326

Leistungssteigerung bei Anwesenheit anderer nun auf den Mere-Presence- oder den Evaluation-Apprehension-Effekt zurückzuführen ist. Dabei mussten die Versuchpersonen ihre eigene Kleidung ausziehen und fremde Sachen, bestehen aus Kittel, große Socken und Schuhe anziehen, um danach wieder in die eigenen Sachen zu schlüpfen. Dies sollte auf der einen Seite die gewohnte (eigene Kleidung) und auf der anderen Seite die ungewohnte Aufgabe (fremde Kleidung) für die Probanden darstellen. Dazu ließ er den Versuch unter drei verschiedenen Bedingungen ablaufen: beim ersten Mal war die Person alleine im Raum; bei zweiten Mal zu zweit mit einer anderen Person, die allerdings mit etwas anderem beschäftigt war; beim dritten Mal mit einer zweite Person, die die Versuchsperson bei ihrer Aufgabe zu beobachten scheint. Als abhängige Variable wurde gemessen, wie viel Zeit, die Probanden zum Anziehen brauchten. Am Ende kam Markus zu folgendem Ergebnis: „Wenn die Vpn eine ungewohnte Aufgabe verrichten sollten (sich fremde Kleider anziehen), war die bloße Anwesenheit anderer schon ein Anlass für soziale Hemmung – dies spricht für die Mere-Presence-Hypothese (Zajonc). Wenn die Vpn hingegen eine gewohnte Aufgabe verrichten sollte (sich die eigenen Kleider anziehen), fand soziale Erleichterung nur dann statt, wenn die Vpn von den Anwesenden genau beobachtet wurde – dies spricht für die Evalutations-Apprehension-Hypothese (Cottrell)."[52]

9.3 *Soziales Faulenzen*

„Wenn andere Menschen anwesend sind, ist es [...] oft nicht leicht die Leistung des Einzelnen von denen der anderen in der Gruppe zu unterscheiden. Das wäre zum Beispiel der Fall, wenn Sie nach einem Konzert klatschen (niemand kann feststellen, wie laut sie klatschen) oder wenn sie ein Instrument in einem Musikorchester spielen (ihr Instrument wird klanglich mit all den anderen verschmelzen)."[53] Es verhält sich dann genau umgekehrt wie beim Phänomen der sozialen Erleichterung, die Leistung des Einzelnen in der Gruppe nimmt ab. Auch hier kann man den Versuch von Ringelmann heranziehen: Wenn eine Gruppe von Männern an einem Seil zog, investierte jeder einzelne von ihnen weniger Mühe als wenn er allein ziehen musste. Bibb Latané, Kipling Willimas und Stephen Harkins bezeichnet diese Motivationsverluste ein Jahrhundert später als soziales Faulenzen (engl. social loafing). „Eine andere Bezeichnung ist das Trittbrettfahren, das vor allem im Zusammenhang mit Steuerhinterziehung, Schwarzfahren, Versicherungsbetrug und anderen egoistisch motivierten Normenverletzungen zum Schaden der Allgemeinheit bekannt ist."[54] Das soziale Faulenzen beschreibt also die Tendenz bei einfachen beziehungsweise Routineaufgaben, in einer Gruppe weniger hart zu arbeiten, wenn man glaubt, dass andere ebenfalls an der gleichen Sache arbeiten und es nicht möglich ist, die individuelle Leistung zu beurteilen. „Der Punkt ist, dass man sich bei fehlender Bewertung auch keine Sorgen

---

[52] **Gollwitzer, Mario/ Schmitt, Manfred (2006):** a.a.O. , Seite 191
[53] **Aronson, Elliot,/Wilson, Timothy D./Akert, Robin (2004):** a.a.O., Seite 328
[54] **Gollwitzer, Mario/ Schmitt, Manfred (2006):** a.a.O. , Seite 193

darüber machen muss, also eine Entspannung eintritt und es unwahrscheinlich ist, dass man sich bei einer schwierigen Aufgabe innerlich verkrampft und blockiert, und man daher bessere Leistungen bringen kann."[55] Es gibt also verschiedene Ansätze, die die Ursachen des sozialen Faulenzens klären sollen: Zunächst einmal sei gesagt, dass social loafing kein Beleg dafür ist, dass Menschen zielgerichtet und taktisch geschickt versuchen, Gruppenleistung zu ihren Gunsten auszunutzen. Vielmehr könnte man könnte zum Beispiel auch annehmen, dass ja auch andere Gruppenmitglieder faulenzen und man selbst dann der Dumme wäre, wenn man die maximale Leistung bringen würde. Hier würde also keine egoistische Motivation vorliegen, sondern es wäre vielmehr ein gerechtigkeitspsychologischer Erklärungsansatz. Es gibt aber noch weitere mögliche Erklärungen:

- **„Evaluation apprehension:** Je größer die Gruppe, desto geringer die Bewertungsangst des Einzelnen. Daher strengt man sich auch nicht mehr an.

- **Soziale Vergleichsprozesse:** Wenn man alleine ist, ist man motiviert, die persönliche Maximalleistung zu erbringen; in einer Gruppe orientiert sich die Motivation jedoch vielmehr daran, der Durchschnittsleistung der Gruppe entsprechen zu wollen. Diese liegt häufig niedriger als persönliche Maximalleistung.

- **Verantwortungsdiffusion:** Einzelne fühlen sich in einer Gruppe für die Leistung, die erbracht werden muss, weniger verantwortlich."[56]

Es scheint anhand dieser Ergebnisse also zweifelhaft, dass eine Gruppe bessere Leistungen erbringen könnte als eine Einzelperson. In der Praxis wird das Phänomen zum Beispiel beim so genannten Brainstorming relevant: Hier stellt sich dann die Frage, ob es beim Brainstorming – bei dem eine Gruppe möglichst viele Ideen zu einem Thema zusammentragen soll – nicht auch zu Koordinationsverluste kommt. „Beispielsweise haben Diehl und Stroebe (1987) festgestellt, dass die Anzahl der generierten Ideen in nicht-interagierenden Gruppen höher ist als in interagierenden Gruppen."[57] Es gibt aber auch bestimmte Variablen, die das social loafing unterbinden oder verringern können, „[…] wenn

- Vpn glauben, dass ihre individuelle Leistung vom VI herausgelesen werden könnte,
- eine Gruppe von Vpn glaubt, sie stehe mit einer anderen Gruppe (Outgroup) in Wettbewerb,
- die Aufgabe ansprechend (z.B. komplex) ist und man motiviert ist, ein bestimmtes Ziel zu erreichen,
- man – unter der Bedingung, dass das Ziel wirklich attraktiv ist – glaubt, dass die Leistungen der anderen Gruppenmitglieder schlechter sind als die eigenen,

[55] **Aronson, Elliot,/Wilson, Timothy D./Akert, Robin (2004):** a.a.O., Seite 329
[56] **Gollwitzer, Mario/ Schmitt, Manfred (2006):** a.a.O. , Seite 193
[57] ebd. Seite 193

- […] [man] der Gruppenarbeit an sich bereits einen großen positiven Wert beimisst."[58] Grundsätzlich wird das social loafing in kleineren Gruppen und bei komplexen Aufgaben geringer. Ein schönes, wenn auch nicht eindeutiges Beispiel für soziales Faulenzen liefern die Beatles: Songs, die John Lennon und Paul McCartney zusammen komponiert haben, wurden nicht so populär wie Titel, die die beiden einzeln geschrieben haben.

9.4 Risky shift

Die Frage, ob Gruppen oder Individuen gewagtere Entscheidungen treffen, hat man in zahlreichen Studien untersucht. Und dabei herausgefunden, dass Gruppenentscheidungen oft erstaunlich risikofreudig ausfallen. Dieses Phänomen bezeichnet man in der Sozialpsychologie als risky shift (Risikoschub).

In Versuchen wird den Teilnehmer in der Regel das Choice Dilemmas Questonaire vorgelegt. Dabei handelt es sich um eine Reihe von Geschichten, die Personen in einer Dilemma-Situation beschreiben. Die Probanden sollen der fiktiven Person dann zu einer Handlungsvariante raten, die entweder besonders vorsichtig oder besonders risikofreudig ist. Zunächst treffen sie ihre Entscheidung allein, dann zusammen mit einer Gruppe. Dabei stellte man fest: „Gruppen tendieren dazu, Entscheidungen zu treffen, die in derselben Richtung extremer sind als der anfänglich angegebene Wert eines Einzelnen."[59] Eine mögliche Erklärungen für den risky shift könnte sein, dass keine Risikodiffusion statt findet, dass heißt niemand fühlt sich persönlich für die Konsequenzen verantwortlich und tendiert deshalb dazu, risikofreudiger zu entscheiden. Außerdem scheinen in Gruppendiskussionen risikofreudige Personen attraktiver und einflussreicher zu sein als kritisch-zögerliche Gruppenmitglieder. Oft werden die Gruppenmitglieder auch von der Überzeugungskraft der Argumente beeinflusst (Burnstein/Vinokur). „Seit MOSCOVICI & ZAVALLONI hat man die Tendenz von Gruppen, entweder Risikoschübe oder aber Vorsichtsschübe zu bewirken, Polarisierung genannt. […] Innerhalb der Gruppe entwickelt sich über Konformitätsprozesse eine extrem einheitliche Meinung, bei der auf ‚unnötige' Differenzierung verzichtet wird."[60] Gelten im Sachverhalt risikoreiche Entscheidungen als erwünscht, kommt es zum risky shift und umgekehrt. Die so genannten Risiko- bzw. Vorsichtsschübe können außerdem durch das so genannte Gruppendenken (Group think) ausgelöst werden, das im Folgenden besprochen werden soll.

---

[58] **Gollwitzer, Mario/ Schmitt, Manfred (2006):** a.a.O. , Seite 193
[59] **Aronson, Elliot,/Wilson, Timothy D./Akert, Robin (2004):** a.a.O., Seite 339
[60] **Fischer, Lorenz/Wiswede, Günter (2002):** a.a.O., Seite 614

23

9.5 Group think

„In jeder Gruppe wird indessen die Tendenz zur gegenseitigen Anpassung der verschiedenen Meinungen offenbar."[61] Hofstätter führte den deutschen Begriff Gruppendenken in die Sozialpsychologie ein. Gruppendenken beschreibt im Allgemeinen einen Konformitätsprozess innerhalb einer Gemeinschaft. Durch diesen Vorgang bezieht man nicht mehr alle möglichen Alternativen in den Entscheidungsprozess mit ein, sondern bildet eine meist voreilige, gemeinsame Strategie. Man tendiert dazu, sich vorschnell auf Entscheidungen festzulegen und vergisst darüber eine gründliche Reflexion der Dinge, da die Motivation, einen einhelligen Konsens zu schaffen, größer ist als die, eine richtige Entscheidung zu treffen. Irving Janis stellte die Theorie auf, dass ein Wir-Gefühl und Kohäsion die Gefahr von Group think in sich bergen. „Übereilige Konformitätsprozesse würden also einerseits die Kohäsion einer Gruppe steigern, führen andererseits aber unter Umständen zu einer völlig unzutreffenden Wertung der Umwelt und zu suboptimalen Entscheidungs- und Handlungsmöglichkeiten."[62] Weitere Bedingungen beziehungsweise Risikofaktoren sind ein überstarkes Wir-Gefühl, eine Isolation der Gruppe und eine fehlende Transparenz ihrer Entscheidungsprozesse, ein einseitiger, autoritärer Führungsstil, der keine abweichenden Meinungen zulässt oder Stress (Zeitdruck, Komplexität). „Der gefährliche Zustand, in dem sich eine Gruppe beim Gruppendenken befindet, verursacht die Implementierung eines Entscheidungsprozesses, der nicht dem Normalen entspricht."[63] Gruppendenken lässt sich daran erkennen, dass in der Gruppe ein Gefühl der Unverwundbarkeit und Einmütigkeit vorherrscht und alle Mitglieder zweifelfrei an die Richtigkeit der getroffenen Entscheidung glauben. Außerdem stellt sich eine Tendenz ein, entscheidungskonträre Informationen zu ignorieren und abzuwerten beziehungsweise Zweifler in der Gruppe unter Druck zu setzen. Allerdings kann man dem Gruppendenken auch frühzeitig entgegenwirken, indem man beispielsweise regelmäßig externer Experten in die Gruppe einlädt oder eine offenen, nicht restriktiven Kommunikations- und Diskussionskultur schafft. Auch wenn man der Gruppe ausreichend Zeit für ihre Entscheidung lässt, kann man das Risiko des Group think verringern. „Der Leiter [der Gruppe] sollte selbst keine direktive Rolle einnehmen, sondern unparteiisch bleiben. [...] Er sollte die Gruppe in Untergruppen aufteilen, die sich zuerst einmal separat zusammensetzen, um dann in der Gesamtgruppe ihre unterschiedlichen Empfehlungen zu diskutieren. Der Leiter könnte aber auch für eine geheime Abstimmung sorgen oder die Gruppenmitglieder bitten, ihre Meinung anonym aufzuschreiben, wodurch sichergegangen

---

[61] **Battegay, Raymond:** Der Mensch in der Gruppe. Band 3. Stuttgart 1969. Seite 18
[62] **Fischer, Lorenz/Wiswede, Günter (2002):** a.a.O., Seite 615
[63] **Aronson, Elliot,/Wilson, Timothy D./Akert, Robin (2004):** a.a.O., Seite 337

werden könnte, dass die tatsächliche Meinungen an den Tag kommen würden, unzensiert von der Angst vor Angriffen der Gruppe."[64]

10 Fazit – Anwendung

Erkenntnisse zu und über Gruppen haben einen großen Einfluss auf das menschliche Zusammenleben und führen dazu, Verhaltensweisen von Individuen beziehungsweise deren Leistungen zu erklären. Alle oben erläuterten Merkmale und Gegebenheiten einer Gruppe können deshalb besonders in der Lernpsychologie relevant werden. Der starke Einfluss, den Gruppen haben, kann zu Erreichung eines positiven pädagogischen Zieles genutzt werden. Der größte Teil der sozialpsychologischen Forschung in der Schule galt bisher dem Erfassen und Aufzeichnen der sozialen Struktur der Klasse oder der Gruppe. „Pädagogischer Zweck einer solchen Aufzeichnung der sozialen Beziehungen der Kinder ist es, eine Grundlage für das regulierende Eingreifen zu erhalten, mit dem denen geholfen werden kann, denen droht, von jeder Kameradschaft ausgeschlossen zu werden."[65]

Seitens der Gruppendynamik wurden häufig Versuche zu phänomenologisch-deskriptiver Beschreibung der Lernprozesse in Gruppen unternommen, um diese zu optimieren. Lehrer können diese Erkenntnisse nutzen, um die Lernsituation in ihrer Klasse zu verbessern, indem sie beispielsweise das Interaktionsklima in ihrer Schulklasse erhöhen. Ausreichendes Wissen über die Phänomene, die in einer Gruppe auftreten können, verbessern die pädagogischen Fähigkeiten. Miles hat hierfür ein lerntheoretisches Modell erstellt, das einen Kreisprozess mit fünf Schritten vorsieht: Erstens sieht Miles die Bereitschaft zu Lernen durch ein Problem oder die Unzufriedenheit mit der eigenen sozialen Rolle verursacht. Die Änderung des Grundzustandes bildet die Grundlage für den Lernprozess in Gruppen und zielt darauf ab, neue Verhaltensstrategien anzunehmen. „Das neue Verhalten wird dann in mannigfachen Situationen explizit – etwa im Rollenspiel – oder implizit – in Trainings- und Arbeitsgruppen – erprobt, wobei eine experimentierfreudige Haltung der noch nicht erwiesenen Brauchbarkeit und Verhaltensinitiative entspricht."[66] Feedback zeigt den Gruppenmitgliedern, ob das eben erlernte Verhalten angemessen ist. Auf der fünften Stufe werden die Gemeinsamkeiten und Unterschiede zwischen der Lernerfahrung in der Gruppe, anderen Gruppensituationen und der Lebens- und Arbeitssituation der Teilnehmer herausgearbeitet.

Miles Modell lässt sich sowohl zum individuellen Lernen als auch zum Gruppenlernen verwenden. „Trainern wie Gruppenmitgliedern bietet das Modell die Chance, das eigene

---

[64] **Aronson, Elliot,/Wilson, Timothy D./Akert, Robin (2004):** a.a.O., Seite 338
[65] **Siound, Arne (1981):** a.a.O., Seite 41
[66] **Däumling, A./Fengler, J./Nellessen, L./Svensson, A. (1974):** a.a.O., Seite 41

25

Verhalten auf seine Funktionalität und Aufgabenangemessenheit hin zu überprüfen, zugleich stellt es die Kriterien für die Legitimität von Verhaltensanforderungen und –normen bereit."[67]

Bei Gruppenarbeit in Schulklassen sollte der Lehrer aber auch immer im Hinterkopf behalten, dass sich die Anwesenheit anderer nicht nur positiv, also Leistungssteigernd auf das Individuum auswirken kann, sondern auch zu sozialem Faulenzen führen könnte. Entsprechende Gegenmaßnahmen wurden bereits unter Punkt 9.3 ausgeführt. Aber auch das Wissen um den genauen Ablauf von Gruppenprozessen und Strukturen, die in Gruppen auftreten können, helfen dabei, Gruppenarbeit nicht nur im schulischen Kontext zu verbessern und dazu beizutragen, dass alle Vorteile, die Gruppen bieten, genutzt werden können.

---

[67] **Däumling, A./Fengler, J./Nellessen, L./Svensson, A. (1974):** a.a.O., Seite 42

11 Literaturverzeichnis

o **Aronson, Elliot/Wilson, Timothy D./Akert, Robin M.:** Sozialpsychologie.

München 2004

o **Battegay, Raymond:** Der Mensch in der Gruppe. Band 3. Stuttgart 1969

o **Däumling, A./Fengler, J./Nellessen, L./Svensson, A.:** Angewandte

Gruppendynamik. Selbsterfahrung, Forschungsergebnisse, Trainingsmodelle.

Stuttgart 1974

o **Fischer, Lorenz/Wiswede, Günter:** Grundlagen der Sozialpsychologie. München

2002

o **Gollwitzer, Mario/Schmitt, Manfred:** Sozialpsychologie. Weinheim 2006

o **Malcher, Jutta:** Gruppen nicht ohne Dynamik. München 1977

o **Mucchielli, Roger:** Gruppendynamik. Salzburg 1972

o **Rechtien, Wolfgang:** Angewandte Gruppendynamik. München 1992

o **Sbandi, Pio:** Gruppenpsychologie. Einführung in die Wirklichkeit der

Gruppendynamik aus sozialpsychologischer Sicht. München 1973

o **Setzen, Karl M.:** Die Gruppe als soziales Grundgebilde. Eine Einführung.

Heidenheim an der Brenz 1971

o **Siound, Arne:** Gruppenpsychologie für Erzieher, Lehrer und Gruppenleiter.

Heidelberg 1981.

9 783656 057802